Impressum
Verlag: BABADADA GmbH, Nedderfeld 112 , 22529 Hamburg
Geschäftsführer / Verlagsleitung: Harald Hof
Druck: Books on Demand GmbH, In de Tarpen 42, 22848 Norderstedt

Imprint
Publisher: BABADADA GmbH, Nedderfeld 112 , 22529 Hamburg, Germany
Managing Director / Publishing direction: Harald Hof
Print: Books on Demand GmbH, In de Tarpen 42, 22848 Norderstedt, Germany

школа
sekolah

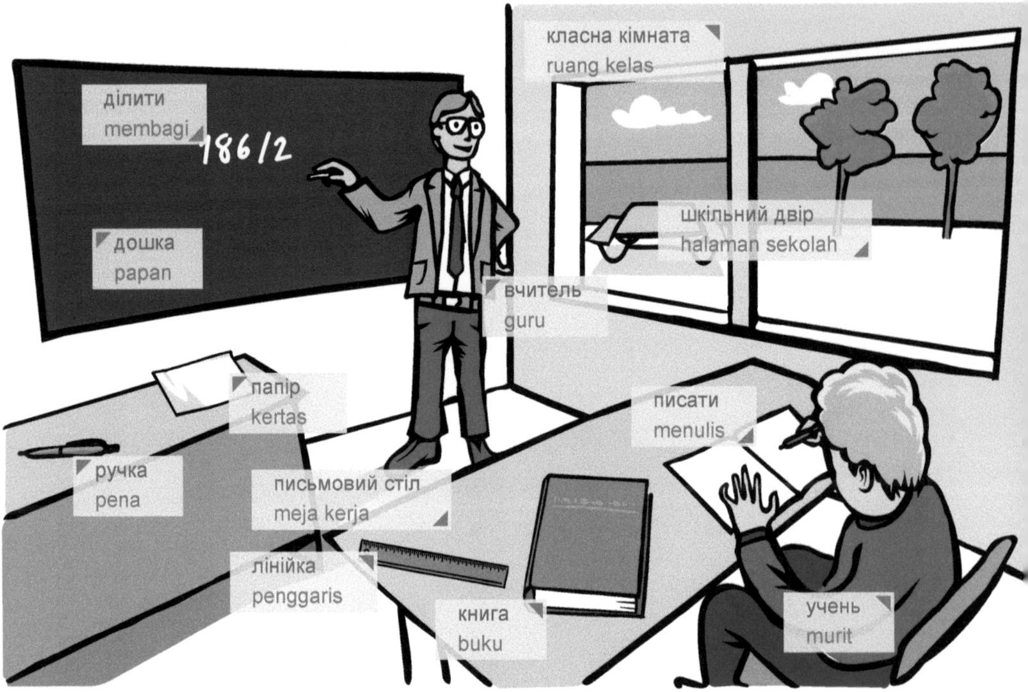
класна кімната
ruang kelas
ділити
membagi
186/2
дошка
papan
шкільний двір
halaman sekolah
вчитель
guru
папір
kertas
писати
menulis
ручка
pena
письмовий стіл
meja kerja
лінійка
penggaris
книга
buku
учень
murit

ранець

tas sekolah

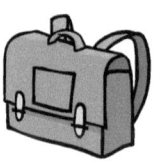

пенал

tempat pensil

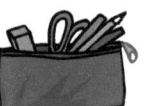

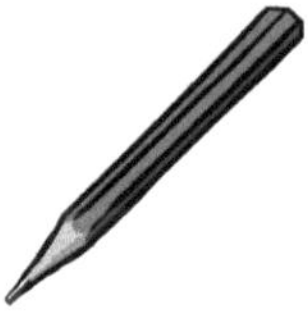

олівець

pensil

точило

pengasah pensil

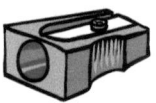

гумка

penghapus

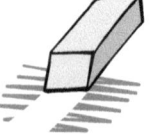

альбом для малювання

kertas gambar

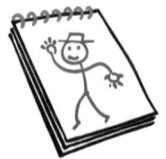

малюнок

gambar

пензель

kuas

коробка фарб

kotak cat

ножиці

gunting

клей

lem

зошит

buku latihan

домашнє завдання

pekerjaan rumah

число

angka

додавати

tambhakan

віднімати

mengurangi

множити

mengalikan

рахувати

menghitung

літера

huruf

абетка

alfabet

слово

kata

текст

teks

читати

membaca

крейда

kapur

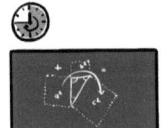

година

pelajaran

класний журнал

daftar

екзамен

ujian

диплом

sertifikat

шкільна форма

seragam sekolah

освіта

pendidikan

лексикон

ensiklopedi

університет

universitas

мікроскоп

mikroskop

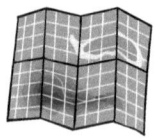

карта

peta

кошик для паперу

tempat sampah

подорож

perjalanan

Grand
готель
hotel
турбаза
hostel
ROOMS
обмінний пункт
kantor pertukaran mata uang
валіза
koper
автомобіль
mobil

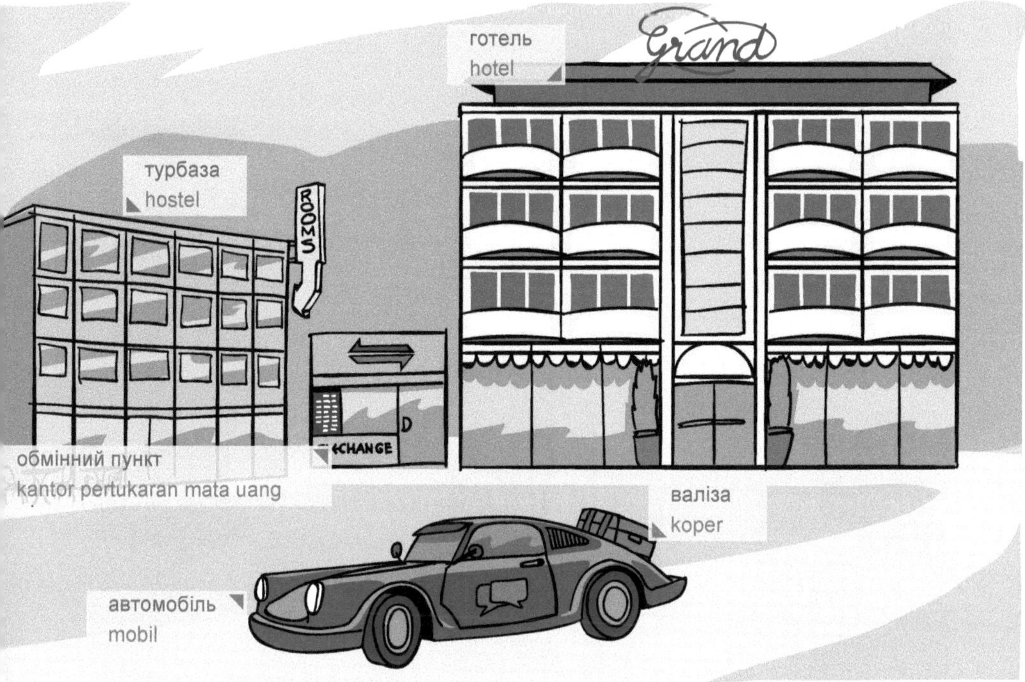

мова

bahasa

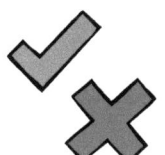

так / ні

ya / tidak

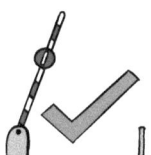

добре

okay

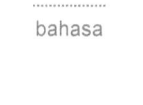

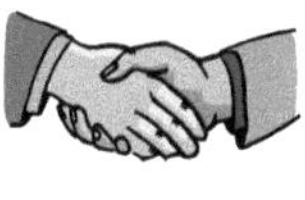

привіт

hallo

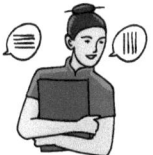

перекладач

penerjemah

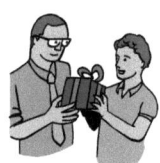

дякую

terima kasih

Скільки коштує ...?

Berapa harganya…?

Я не розумію

saya tidak mengerti

проблема

masalah

Добрий вечір!

Selamat malam!

Доброго ранку!

Selamat siang!

На добраніч!

Selamat tidur!

До побачення

sampai jumpa

напрямок

arah

багаж

bagasi

сумка

tas

рюкзак

ransel

гість

tamu

кімната

ruang

спальний мішок

kantong tidur

намет

tenda

туристична інформація

informasi wisata

пляж

pantai

кредитна картка

kartu kredit

сніданок

sarapan

обід

makan siang

вечеря

makan malam

квиток

tiket

ліфт

elevator

поштова марка

perangko

межа

perbatasan

митниця

cukai

посольство

kedutaan

віза

visa

паспорт

paspor

транспорт
transportasi

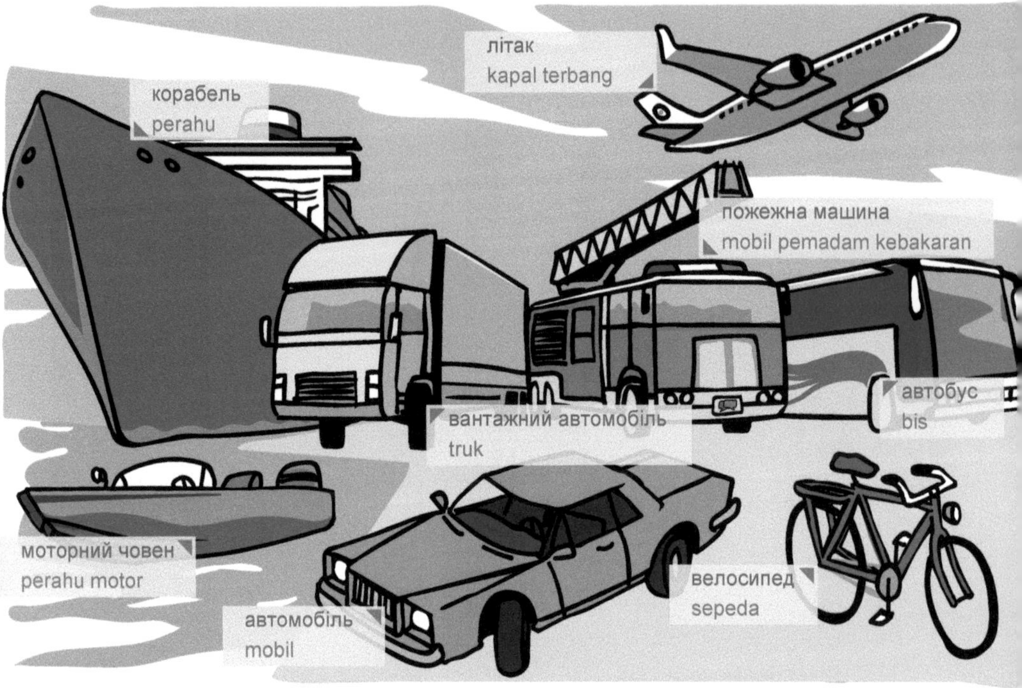

літак
kapal terbang
корабель
perahu
пожежна машина
mobil pemadam kebakaran
автобус
bis
вантажний автомобіль
truk
моторний човен
perahu motor
велосипед
sepeda
автомобіль
mobil

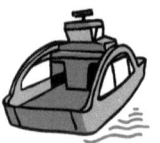

пором

feri

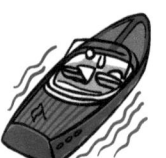

човен

perahu

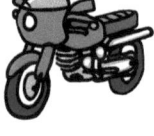

мотоцикл

sepeda motor

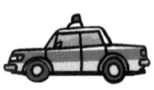

поліцейська машина

mobil polisi

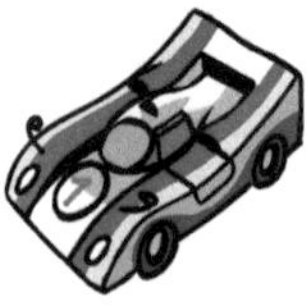

гоночний автомобіль

mobil balapan

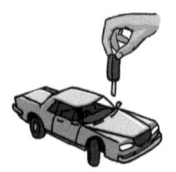

автомобіль на прокат

mobil sewa

спільне користування авто

berbagi mobil

евакуатор

truk derek

сміттєвоз

truk sampah

двигун

motor

паливо

bahan bakar

автозаправна станція

bensin

дорожній знак

tanda lalulintas

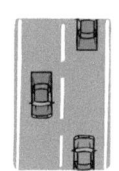

рух

lalulintas

затор

macet

стоянка

parkir mobil

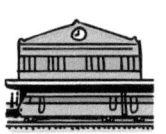

вокзал

stasiun kereta

рейки

trek

потяг

kereta api

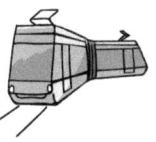

трамвай

tram

вагон

gerobak

гелікоптер

helikopter

аеропорт

bendara

вежа

menara

пасажир

penumpang

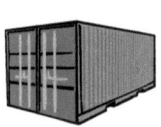

контейнер

container

коробка

karton

візок

troli

кошик

keranjang

стартувати / приземлятися

berangkat / mendarat

місто

kota

село

desa

центр міста

pusat kota

дім

rumah

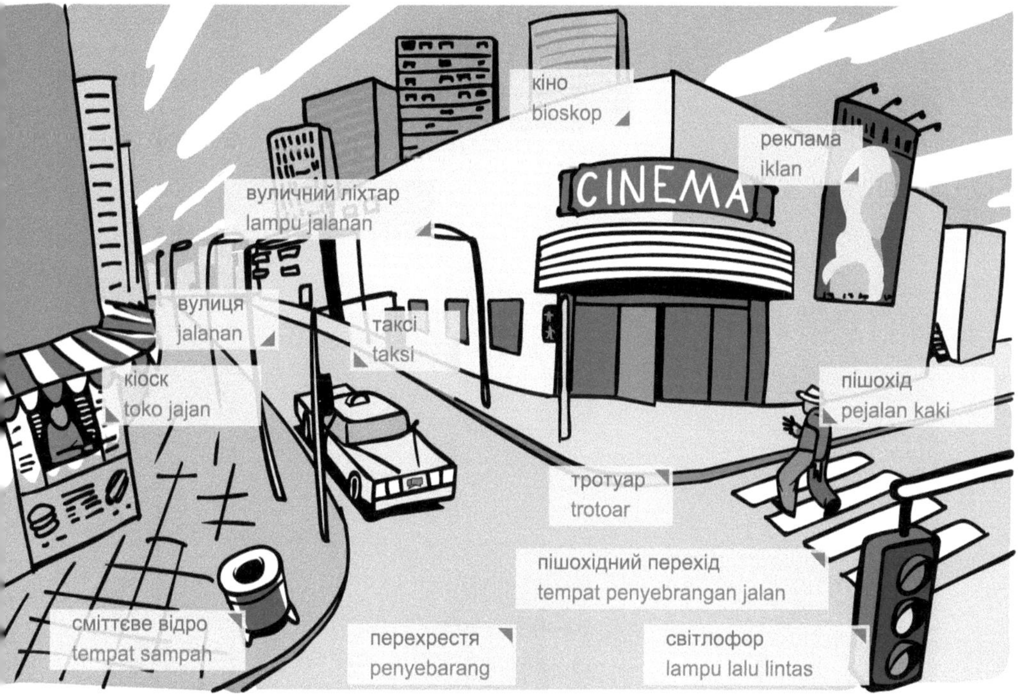

кіно
bioskop

реклама
iklan

вуличний ліхтар
lampu jalanan

CINEMA

вулиця
jalanan

таксі
taksi

кіоск
toko jajan

пішохід
pejalan kaki

тротуар
trotoar

пішохідний перехід
tempat penyebrangan jalan

сміттєве відро
tempat sampah

перехрестя
penyebarang

світлофор
lampu lalu lintas

хатина

gubuk

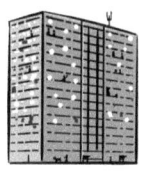

квартира

rumah flat

вокзал

stasiun kereta

ратуша

balai kota

музей

museum

школа

sekolah

університет

universitas

банк

bank

лікарня

rumah sakit

готель

hotel

аптека

farmasi

офіс

kantor

книжковий магазин

toko buku

магазин

toko

квітковий магазин

toko bunga

супермаркет

supermarket

ринок

pasar

універмаг

toko serba ada

торговець рибою

nelayan

торговельний центр

pusat belanja

гавань

pelabuhan

парк

taman

лава

banku

міст

jembatan

сходи

tangga

метро

kereta bawah tanah

тунель

terowongan

автобусна зупинка

pemberhantian bis

бар

bar

ресторан

restauran

поштова скринька

kotak surat

вулична табличка

tanda jalan

лічильник паркування

meteran parkir

зоопарк

kebun binatang

басейн

kolam renang

мечеть

mesjid

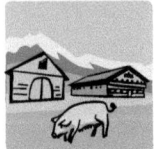

ферма

pertanian

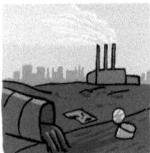

забруднення навколишнього середовища

polusi

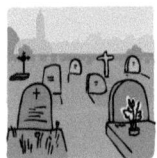

кладовище

kuburan

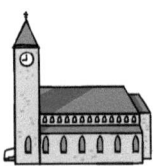

церква

gereja

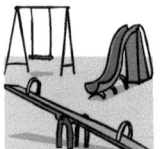

дитячий майданчик

tempat bermain

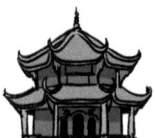

храм

pura

ландшафт
pemandangan

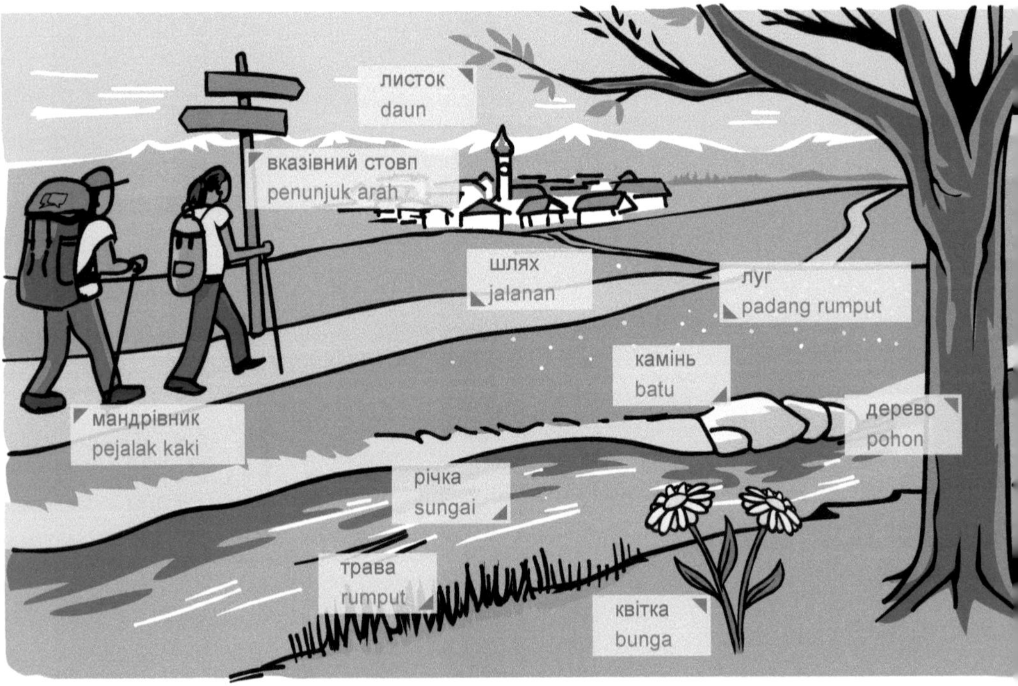
листок
daun
вказівний стовп
penunjuk arah
шлях
jalanan
луг
padang rumput
камінь
batu
дерево
pohon
мандрівник
pejalak kaki
річка
sungai
трава
rumput
квітка
bunga

долина

lembah

гора

bukit

озеро

danau

ліс

hutan

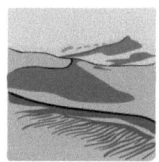

пустеля

padang gurun

вулкан

gunung berapi

замок

istana

веселка

pelangi

гриб

jamur

пальма

pohon palem

комар

nyamuk

муха

lalat

мурашка

semut

бджола

lebah

павук

laba-laba

ландшафт - pemandangan

жук

kumbang

жаба

kodok

вивірка

tupai

їжак

landak

заєць

kelinci

сова

burung hantu

птах

burung

лебідь

angsa

кабан

babi jantan

олень

rusa

лось

rusa

гребля

bendungan

вітряк

turbin angin

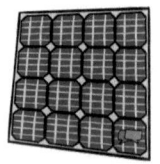

сонячний модуль

panel surya

клімат

iklim

ресторан
restauran

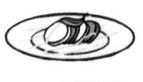

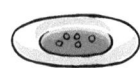

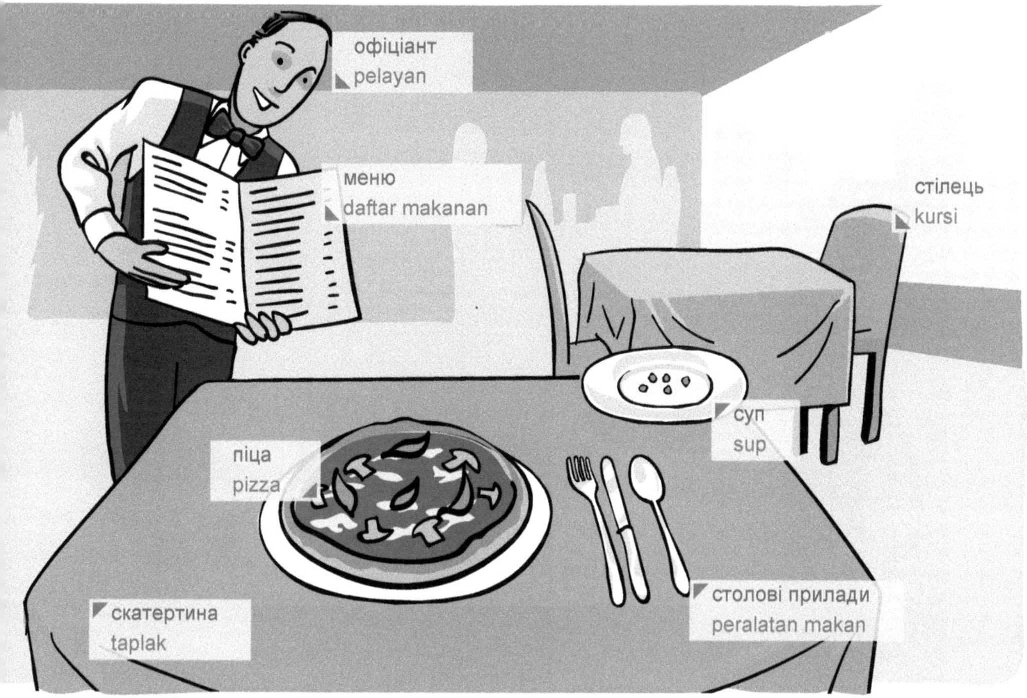

офіціант
pelayan
меню
daftar makanan
стілець
kursi
суп
sup
піца
pizza
столові прилади
peralatan makan
скатертина
taplak

закуска

hindangan pembuka

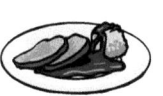

друга страва

hidangan utama

десерт

hidangan penutup

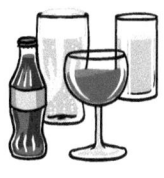

напої

minuman

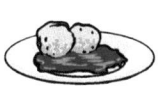

їжа

makanan

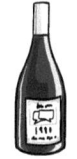

пляшка

botol

фаст-фуд

fastfood

вулична їжа

masakan jalanan

чайник

teko teh

цукорниця

kaleng gula

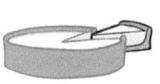

порція

porsi

еспресо-машина

mesin espresso

високий стільчик

kursi tinggi

рахунок

tagihan

піднос

baki

ніж

pisau

вилка

garpu

ложка

sendok

чайна ложка

sendok teh

серветка

serbet

склянка

gelas

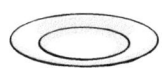

тарілка

piring

тарілка для супу

piring sup

блюдце

lepek

соус

saus

солонка

tempat garam

млин для перцю

gilingan merica

оцет

cuka

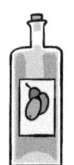

масло

minyak

спеції

bumbu

кетчуп

saus tomat

гірчиця

mustar

майонез

mayones

супермаркет
supermarket

пропозиція
penawaran khusus
FOR
клієнт
klien
молочні продукти
produk susu
фрукти
buah
візок для покупок
troli

BUTCHERS

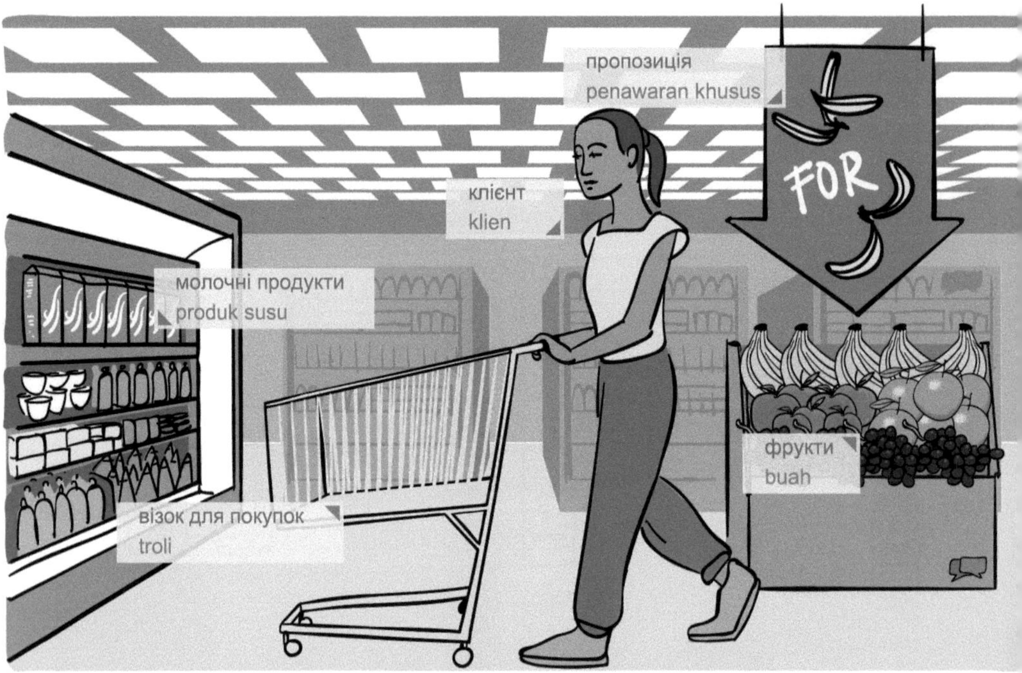

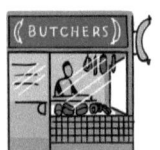

м'ясний магазин
pembantai

BAKERY

пекарня
toko roti

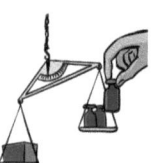

зважувати
menimbang

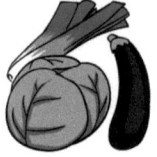

овочі
sayur

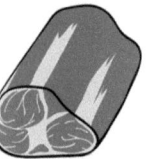

м'ясо
daging

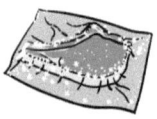

заморожені продукти
makanan beku

ковбасна нарізка

pemotongan dingin

консерви

makanan kaleng

пральний порошок

sabun serbuk

солодощі

permen

предмети домашнього побуту

alat-alat rumah tangga

мийний засіб

obat pembersihan

продавщиця

penjual

каса

kasa

касир

kasir

список покупок

daftar belanja

часи роботи

jam buka

гаманець

dompet

кредитна картка

kartu kredit

сумка

tas

поліетиленовий пакет

kantong plastik

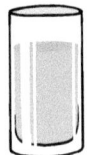

вода

air

сік

jus

молоко

susu

кола

cola

вино

anggur

пиво

bir

алкоголь

alkohol

какао

coklat

чай

teh

кава

kopi

еспресо

espresso

капучіно

cappucino

банан

pisang

яблуко

apel

апельсин

jeruk

кавун

semangka

лимон

jeruk lemon

морква

wortel

часник

bawang putih

бамбук

bambu

цибуля

bawang bombai

гриб

jamur

горішки

kacang

локшина

mi

спагеті

spagetti

рис

nasi

салат

salat

картопля фрі

kentang goreng

смажена картопля

kentang goreng

піца

pizza

гамбургер

hamburger

бутерброд

sandwich

шніцель

sayatan

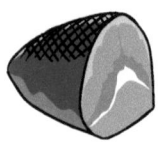

шинка

ham

салямі

salami

ковбаса

sosis

курка

ayam

печеня

menggoreng

риба

ikan

вівсяні пластівці

bubur gandum

мюслі

sereal

кукурудзяні пластівці

cornflakes

борошно

tepung

круасан

croissant

булочка

roti

хліб

roti

тостовий хліб

toast

печиво

biskuit

масло

mentega

сир

dadih

пиріг

kue

яйце

telur

яєчня

telur goreng

сир

keju

морозиво

eskrim

цукор

gula

мед

madu

мармелад

selai

нуга-крем

krim nugat

карі

kare

ферма
pertanian

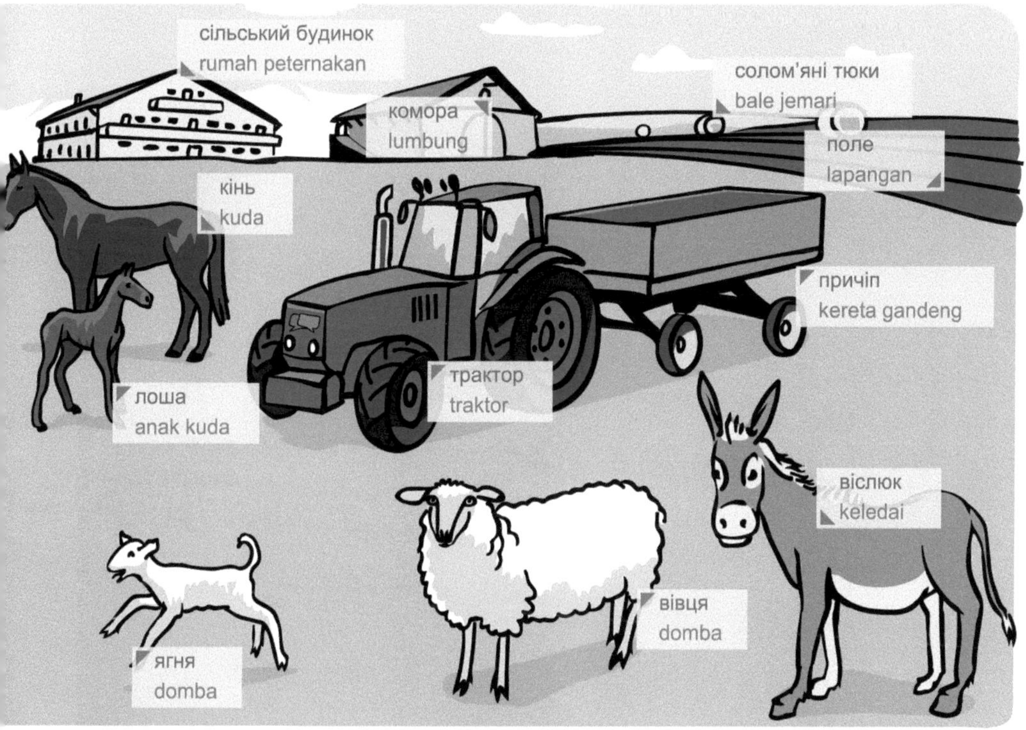
сільський будинок
rumah peternakan
комора
lumbung
солом'яні тюки
bale jemari
поле
lapangan
кінь
kuda
причіп
kereta gandeng
трактор
traktor
лоша
anak kuda
віслюк
keledai
вівця
domba
ягня
domba

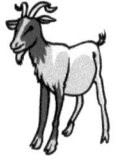

коза

kambing

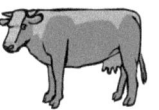

корова

sapi

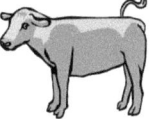

теля

betis

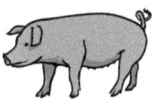

свиня

babi

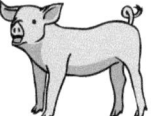

порося

celeng

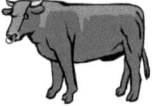

бик

banteng

гусак

angsa

качка

bebek

курча

anak ayam

курка

ayam

півень

ayam jantan

щур

tikus

кіт

kucing

миша

tikus

віл

lembu

собака

anjing

собача будка

rumah anjing

садовий шланг

selang

лійка

penyiram

коса

sabit

плуг

bajak

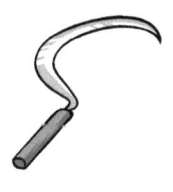

серп

sabit

мотика

cangkul

вила

garpu rumput

сокира

kapak

тачка

gerobak

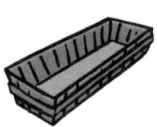

корито

palung

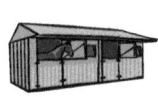

бідон молока

kaleng susu

мішок

karung

паркан

pagar

хлів

kandang

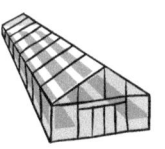

теплиця

rumah kaca

ґрунт

tanah

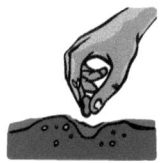

насіння

benih

добриво

pupuk

комбайн

mesin pemanen

пожинати

panen

урожай

panen

корінь ямсу

yams

пшениця

gandum

соя

kedelai

картопля

kentang

кукурудза

jagung

ріпак

lobak

плодове дерево

pohon buah

маніок

singkong

злаки

sereal

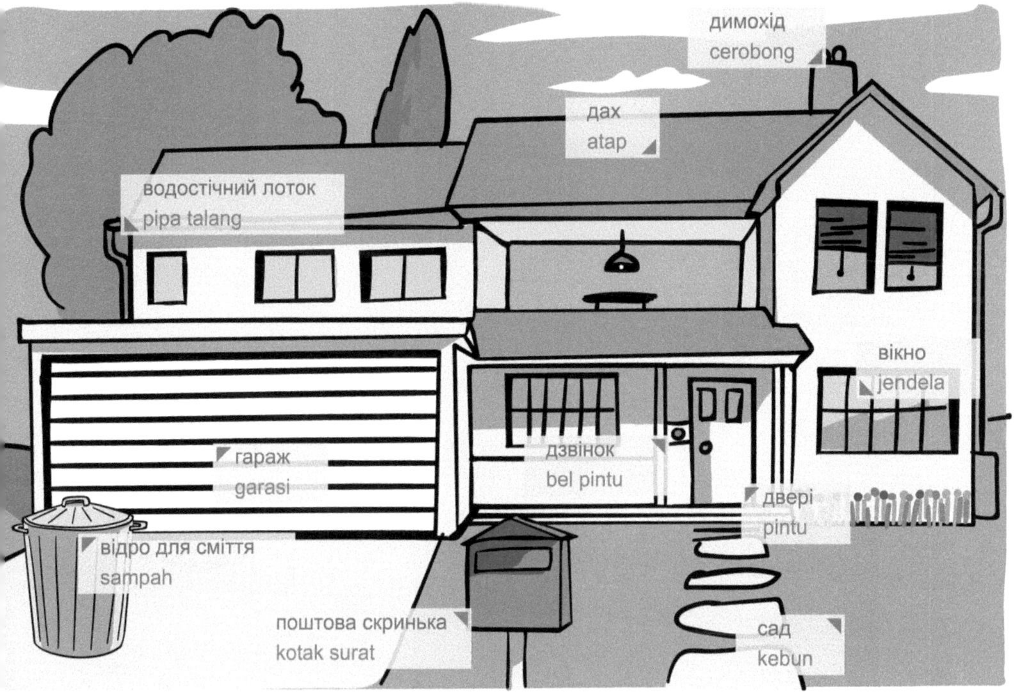

димохід
cerobong

дах
atap

водостічний лоток
pipa talang

вікно
jendela

гараж
garasi

дзвінок
bel pintu

двері
pintu

відро для сміття
sampah

поштова скринька
kotak surat

сад
kebun

вітальня

ruang tamu

ванна кімната

kamar mandi

кухня

dapur

спальня

kamar tidur

дитяча кімната

kamar anak

їдальня

kamar makan

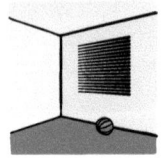

підлога

lantai

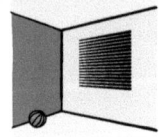

стіна

tembok

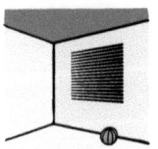

стеля

atap

підвал

gudang di bawah tanah

сауна

sauna

балкон

balkon

тераса

teras

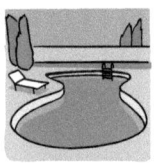

басейн

kolam renang

косарка

mesin pemotong rumput

простирало

sprei

ковдра

selimut

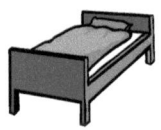

ліжко

tempat tidur

мітла

sapu

відро

ember

перемикач

tombol

вітальня
ruang tamu

шпалери
kertas dinding
малюнок
gambar
лампа
lampu
поличка
rak
шафа
kabinet
телевізор
televisi
камін
perapian
квітка
bunga
подушка
bantal
диван
sofa
ваза
vas
пульт
remote control

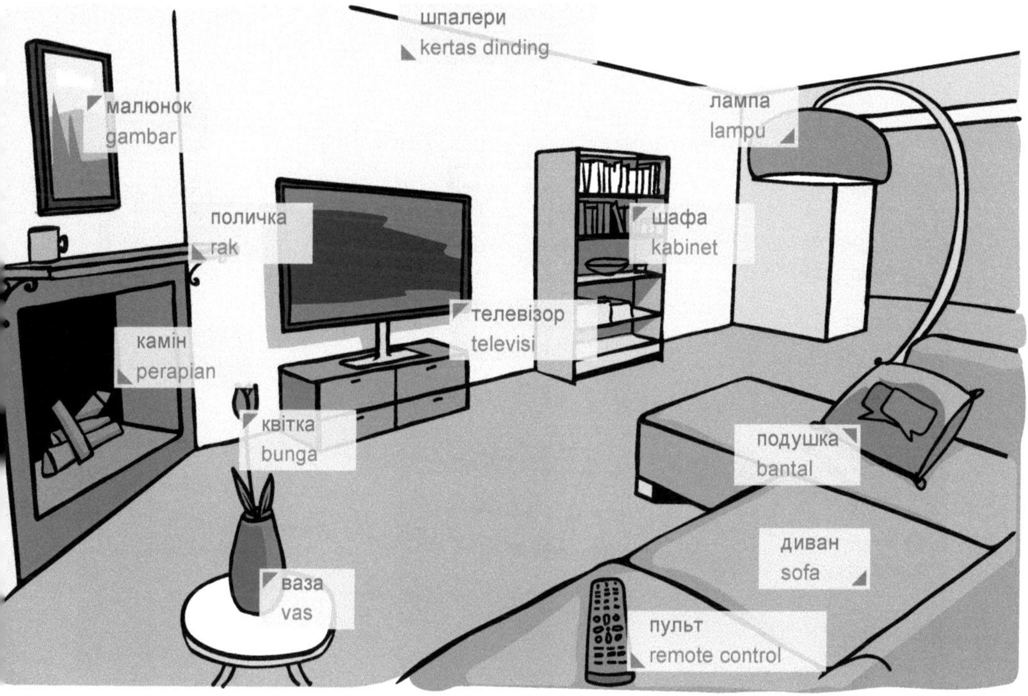

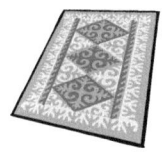

килим
karpet

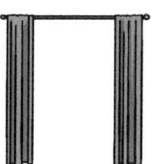

завіса
korden

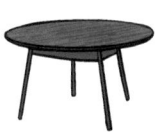

стіл
meja

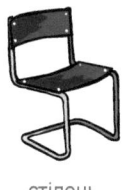

стілець
kursi

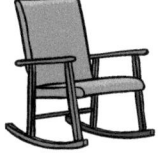

крісло-гойдалка
kursi goyang

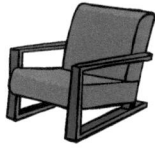

крісло
kursi malas

книга

buku

ковдра

selimut

прикраса

dekorasi

дрова

kayu bakar

фільм

filem

стереосистема

hi-fi

ключ

kunci

газета

koran

картина

lukisan

плакат

poster

радіо

radio

блокнот

buku tulis

пилосос

penyedot debu

кактус

kaktus

свічка

lilin

кухня
dapur

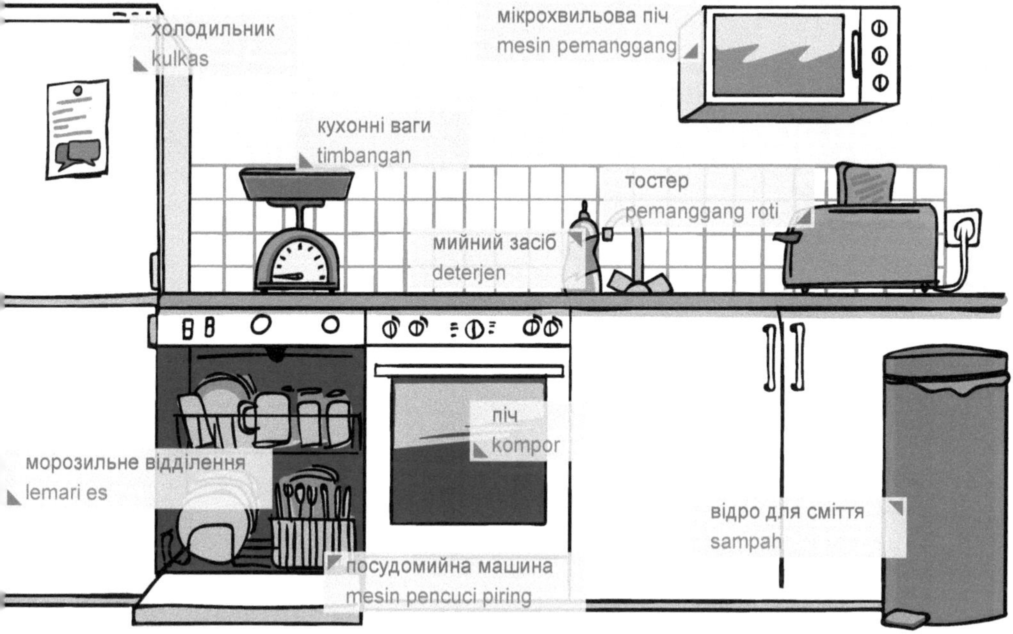

холодильник
kulkas
мікрохвильова піч
mesin pemanggang
кухонні ваги
timbangan
тостер
pemanggang roti
мийний засіб
deterjen
піч
kompor
морозильне відділення
lemari es
відро для сміття
sampah
посудомийна машина
mesin pencuci piring

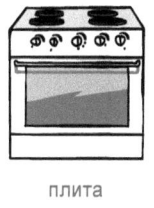

плита

kompor

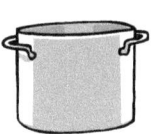

горщик

panci

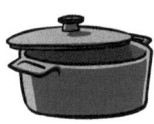

чавунний горщик

panci besi

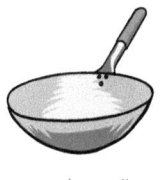

вок / кадай

wajan

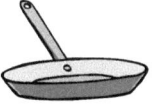

сковорода

panci

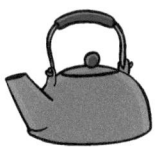

чайник

pemanas air

пароварка

panci pengukus makanan

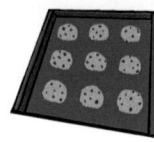

лист

nampan

посуд

piring

кухоль

cangkir

чаша

mangkok

палички для їжі

sumpit

черпак

sendok sup

лопатка

sudip

вінчик для збивання

mengocok

сито

saringan

сито

saringan

терка

parutan

ступка

mortir

барбекю

barbeque

багаття

api terbuka

дошка

papan memotong

качалка

gilingan

штопор

alat pembuka botol

конзерва

kaleng

відкривачка

pembuka kaleng

прихватки

pegangan panci

раковина

wastafel

щітка

sikat

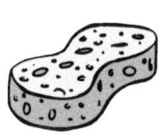

губка

busa

міксер

mesin pencampur

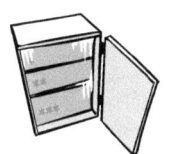

морозильна камера

lemari es

дитяча пляшка

botol bayi

кран

keran

ванна кімната
kamar mandi

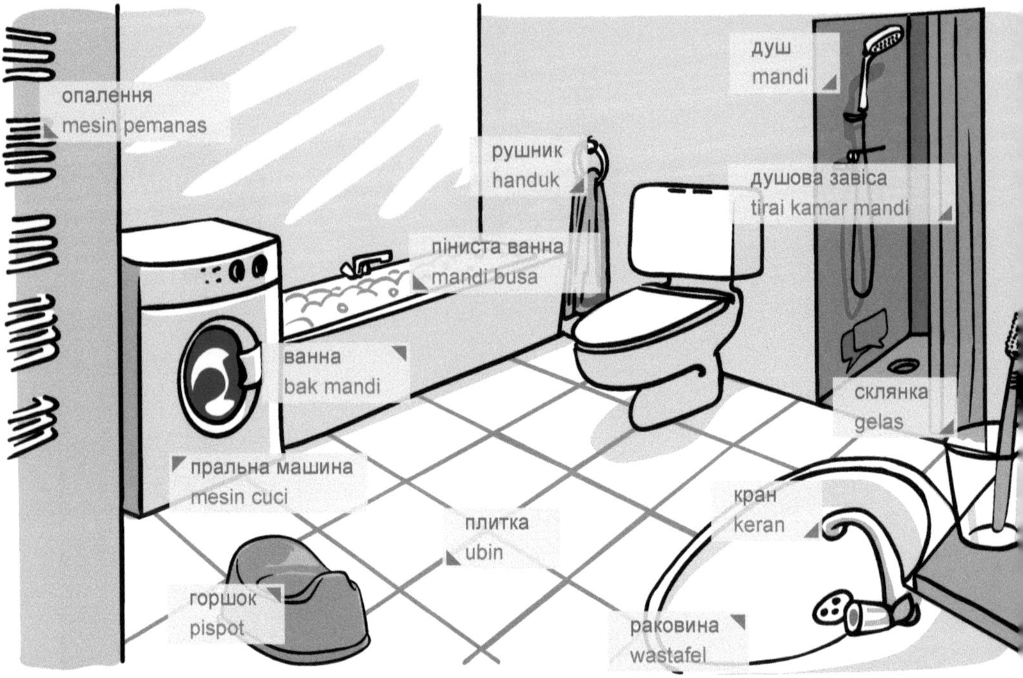
опалення
mesin pemanas
душ
mandi
рушник
handuk
душова завіса
tirai kamar mandi
пініста ванна
mandi busa
ванна
bak mandi
склянка
gelas
пральна машина
mesin cuci
кран
keran
плитка
ubin
горшок
pispot
раковина
wastafel

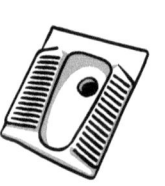

туалет

toilet

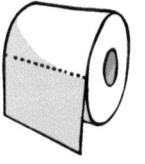

підлоговий туалет

toilet jongkok

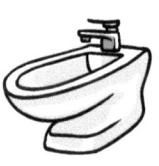

біде

bidet

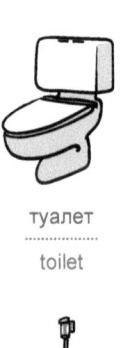

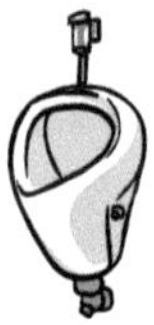

пісуар

pissoir

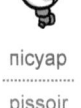

туалетний папір

kertas toilet

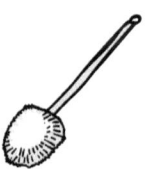

щітка для туалету

sikat toilet

зубна щітка

sikat gigi

зубна паста

pasta gigi

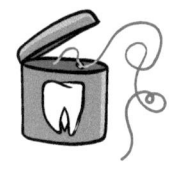

нитка для чищення зубів

benang gigi

мити

menyuci

ручний душ

pancuran tangan

інтимний душ

pancuran

таз

bak

щітка для спини

sikat punggung

мило

sabun

гель для душу

gel mandi

шампунь

sampo

мочалка

planel

водостік

kuras

крем

krim

дезодорант

deodoran

дзеркало

kaca

косметичне дзеркало

cermin tangan

бритва

pisau cukur

піна для гоління

busa cukur

лосьйон після гоління

aftershave

гребінь

sisir

щітка

sikat

фен

alat pengering rambut

лак для волосся

semprot rambut

косметика

makeup

губна помада

lipstik

лак для нігтів

cat kuku

вата

kapas

ножиці для нігтів

gunting kuku

парфум

minyak wangi

ванна кімната - kamar mandi

косметичка

kantong pencuci

табурет

bangku

ваги

timbangan

халат

mantel mandi

гумові рукавички

sarung tangan karet

тампон

tampon

гігієнічні прокладки

handuk pembalut

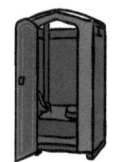

біотуалет

toilet kimia

дитяча кімната

kamar anak

будильник
jam alarm
м'яка іграшка
boneka tidur
іграшковий автомобіль
mobil-mobilan
брязкальце
kelintung
ляльковий будиночок
rumah boneka
подарунок
kado

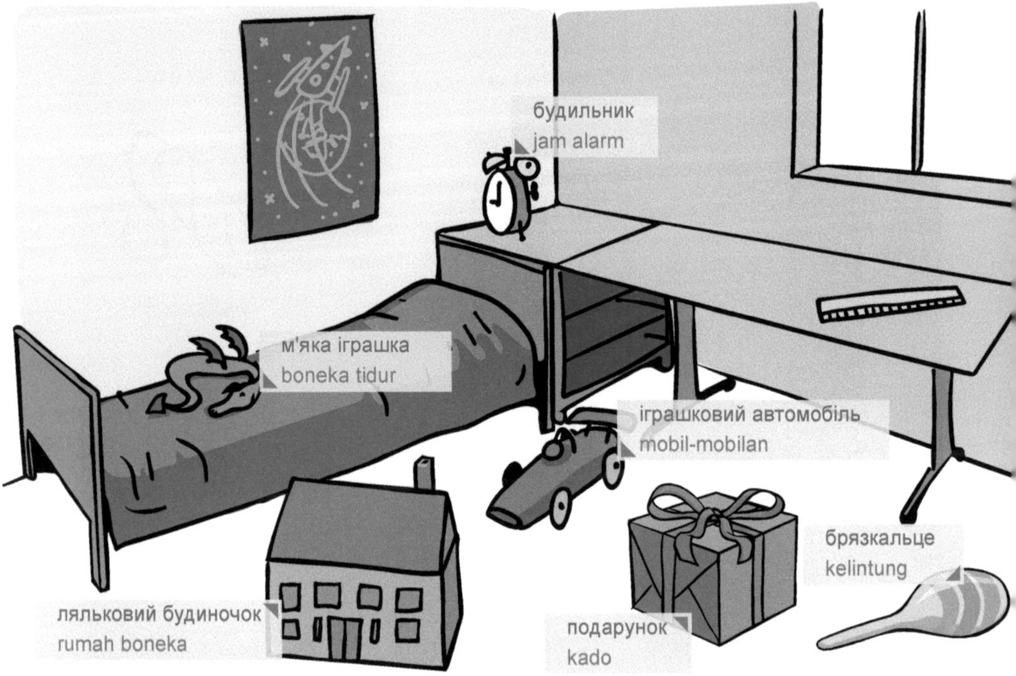

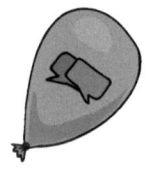

повітряна кулька

balon

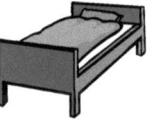

ліжко

tempat tidur

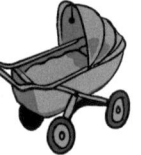

дитячий візок

kereta bayi

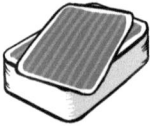

картярська гра

mainan kartu

пазл

teka-teki

SUPER
MEGA

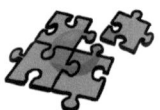

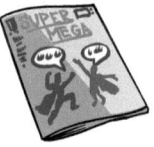

комікс

komik

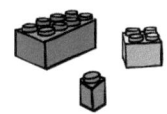

лего цеглинки

mainan lego

блоки

blok mainan

іграшкова фігурка

figur aksi

повзунки

baju monyet

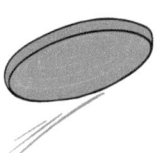

фризбі

frisbee

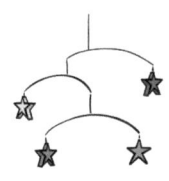

мобіле

mobile

настільна гра

permainan papan

кубик

dadu

модель залізнична станція

set model kreta api

соска

dot

вечірка

pesta

книжка з картинками

buku gambar

м'яч

bola

ляля

boneka

грати

bermain

пісочниця

tempat main pasir

гойдалка

ayunan

іграшка

mainan

гральна консоль

video game konsol

триколісний велосипед

sepeda roda tiga

плюшевий мішка

teddy

шафа

lemari pakaian

одяг

pakaian

шкарпетки

kaos kaki

панчохи

kaos kaki

колготки

baju ketat

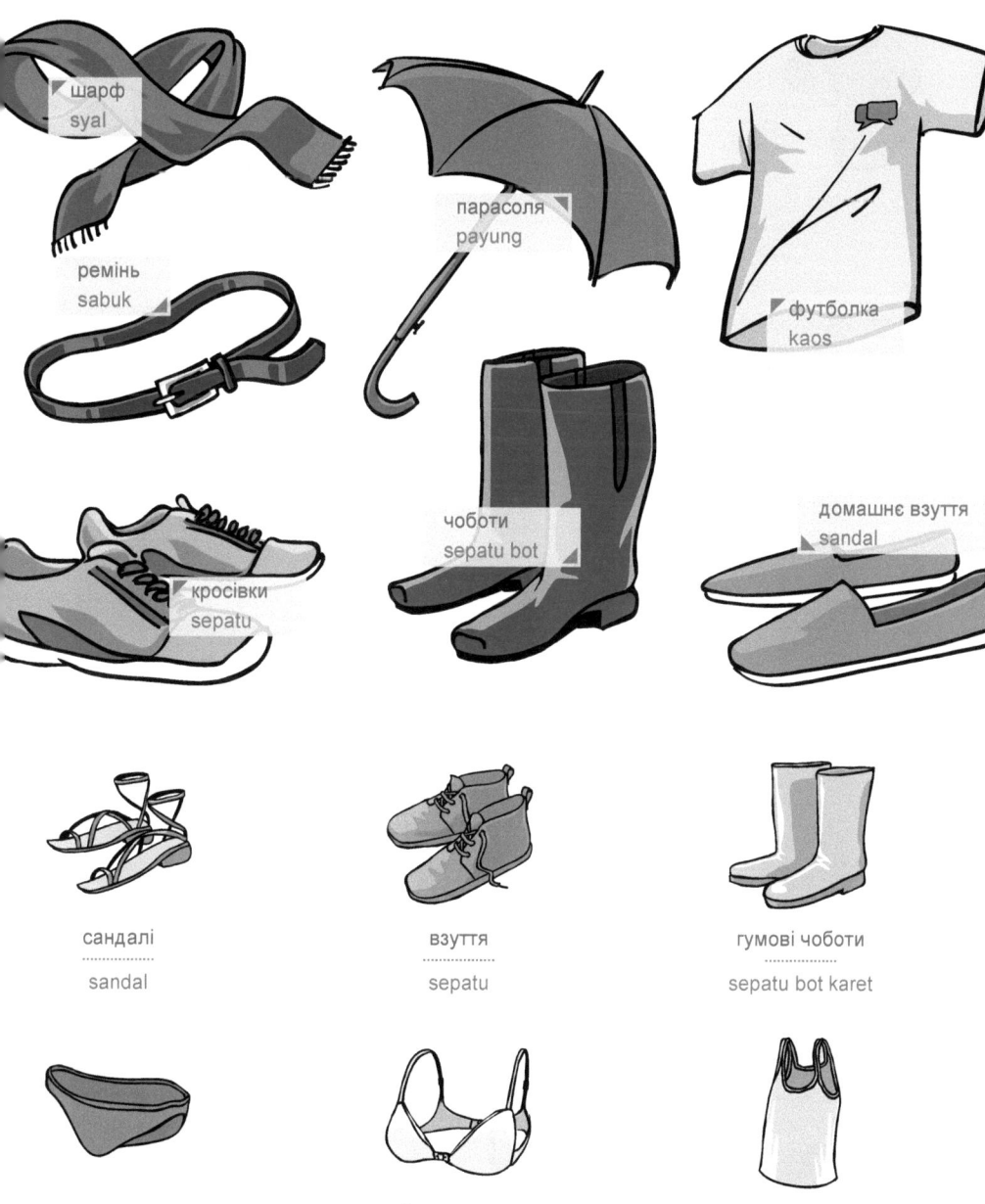

шарф
syal

парасоля
payung

футболка
kaos

ремінь
sabuk

чоботи
sepatu bot

домашнє взуття
sandal

кросівки
sepatu

сандалі
sandal

взуття
sepatu

гумові чоботи
sepatu bot karet

труси
celana dalam

бюстгальтер
BH

нижня сорочка
baju rompi

одяг - pakaian

45

боді
body

штани
celana

джинси
jeans

спідниця
rok

блузка
blus

сорочка
kemeja

пуловер
aket berkerudung

светр
sweater

піджак
jaket

куртка
jaket

пальто
mantel

дощовик
jas hujan

костюм
kostum

сукня
gaun

весільна сукня
gaun pengantin

костюм

setelan resmi

нічна сорочка

gaun tidur

піжама

piyama

сарі

sari

головна хустка

jilbab

чалма

turban

бурка

burka

кафтан

kaftan

абая

abaya

купальник

pakaian renang

плавки

celana renang

шорти

celana pendek

тренувальний костюм

olah raga

фартух

celemek

рукавички

sarung tangan

гудзик

kancing

окуляри

kacamata

браслет

gelang

ланцюг

kalung

кільце

cincin

сережка

anting

шапка

topi

плічка

gantungan mantel

капелюх

topi

краватка

dasi

застібка-блискавка

ritsleting

шолом

helm

підтяжки

tali selempang

шкільна форма

seragam sekolah

уніформа

seragam

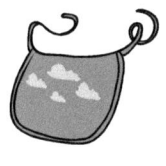

нагрудник

oto

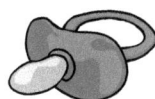

соска

dot

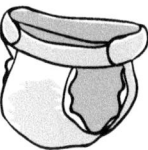

підгузок

popok

офіс

kantor

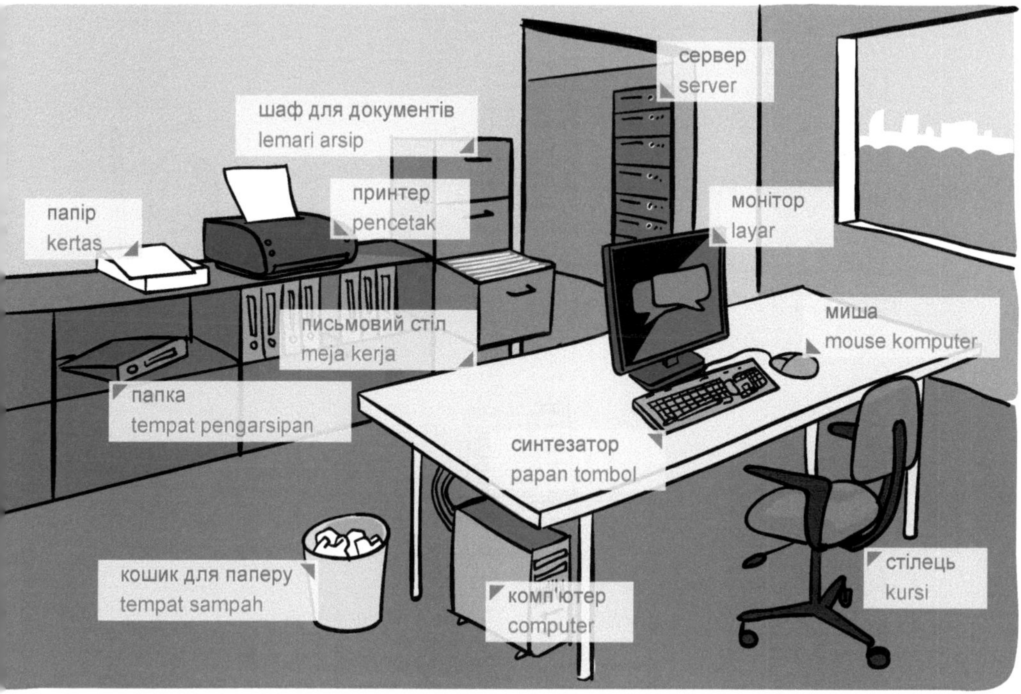

сервер
server
шаф для документів
lemari arsip
принтер
pencetak
папір
kertas
монітор
layar
миша
mouse komputer
письмовий стіл
meja kerja
папка
tempat pengarsipan
синтезатор
papan tombol
кошик для паперу
tempat sampah
комп'ютер
computer
стілець
kursi

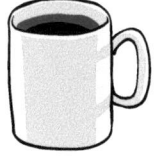

кавовий кухоль

cangkir kopi

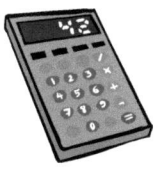

калькулятор

kalkulator

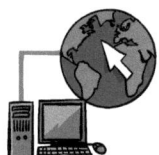

інтернет

internet

ноутбук

laptop

лист

surat

повідомлення

pesan

мобільний телефон

telepon seluler

мережа

jaringan

копіювальний пристрій

fotokopi

програмне забезпечення

software

телефон

telepon

розетка

plug soket

факс

mesin fax

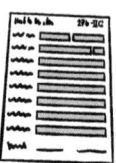

бланк

formulir

документ

dokumen

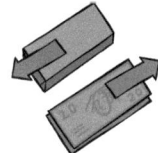

купувати

membeli

платити

membayar

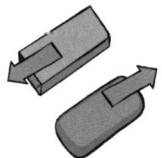

торгувати

berdagang

гроші

uang

долар

Dollar

євро

Euro

ієна

Yen

рубль

Rubel

франк

Franc Swiss

юанів женьміньбі

Renminbi Yuan

рупія

Rupiah

банкомат

ATM

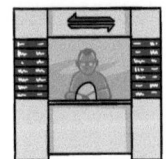

обмінний пункт

kantor pertukaran mata uang

золото

emas

срібло

perak

нафта

minyak

енергія

energi

ціна

harga

контракт

kontrak

податок

pajak

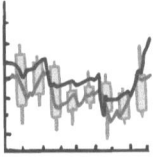

акція

saham

працювати

bekerja

працівник

karyawan

роботодавець

majikan

фабрика

pabrik

магазин

toko

економіка - ekonomi

професії
pekerjaan

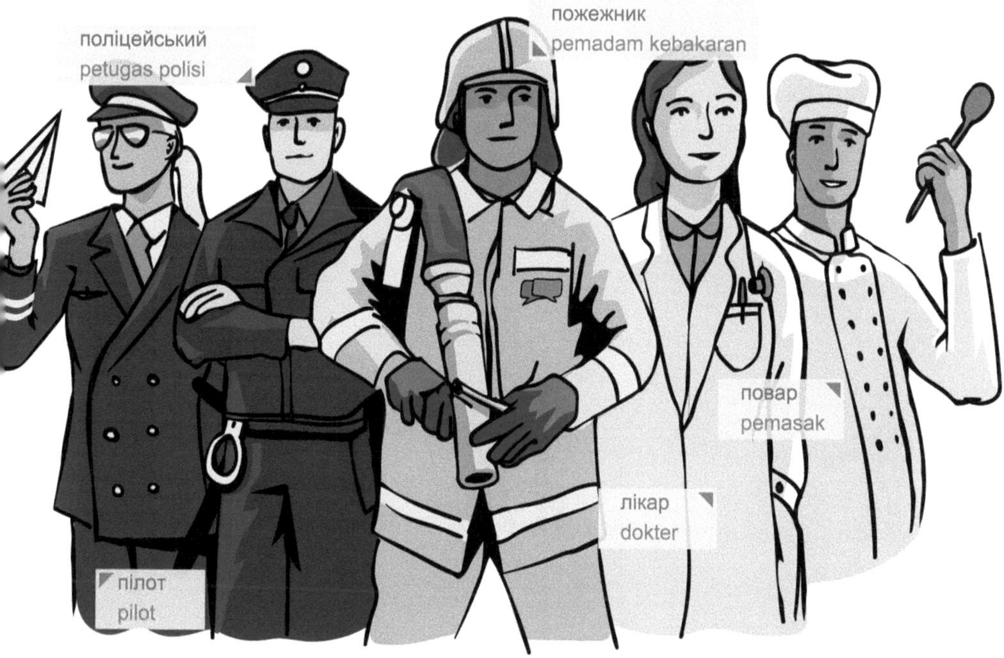
поліцейський
petugas polisi
пожежник
pemadam kebakaran
повар
pemasak
лікар
dokter
пілот
pilot

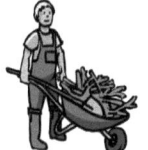

садівник

tukan kebun

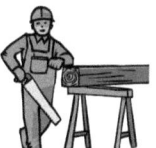

столяр

tukang kayu

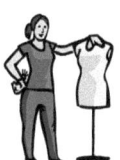

швачка

penjahit wanita

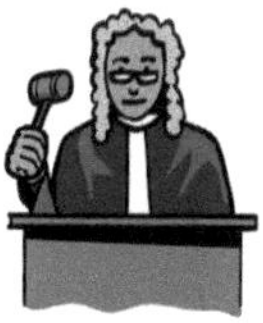

суддя

hakim

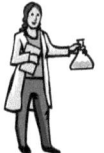

хімік

ahli kimia

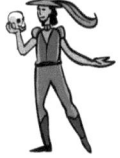

актор

aktor

водій автобуса

sopir bis

таксист

sopir taksi

рибалка

nelayan

прибиральниця

pembantu

покрівельник

tukang atap

офіціант

pelayan

мисливець

pemburu

художник

pelukis

пекар

tukang roti

електрик

tukang listrik

будівельник

pembangun

інженер

insinyur

забійник

tukang daging

бляхар

tukang ledeng

листоноша

tukang pos

солдат

tentara

архітектор

arsitek

касир

kasir

флорист

penjual bunga

перукар

penata rambut

кондуктор

konduktor

механік

montir

капітан

kapten

дантист

dokter gigi

вчений

ilmuwan

рабин

rabbi

імам

imam

монах

biarawan

пастор

pendeta

інструменти

alat

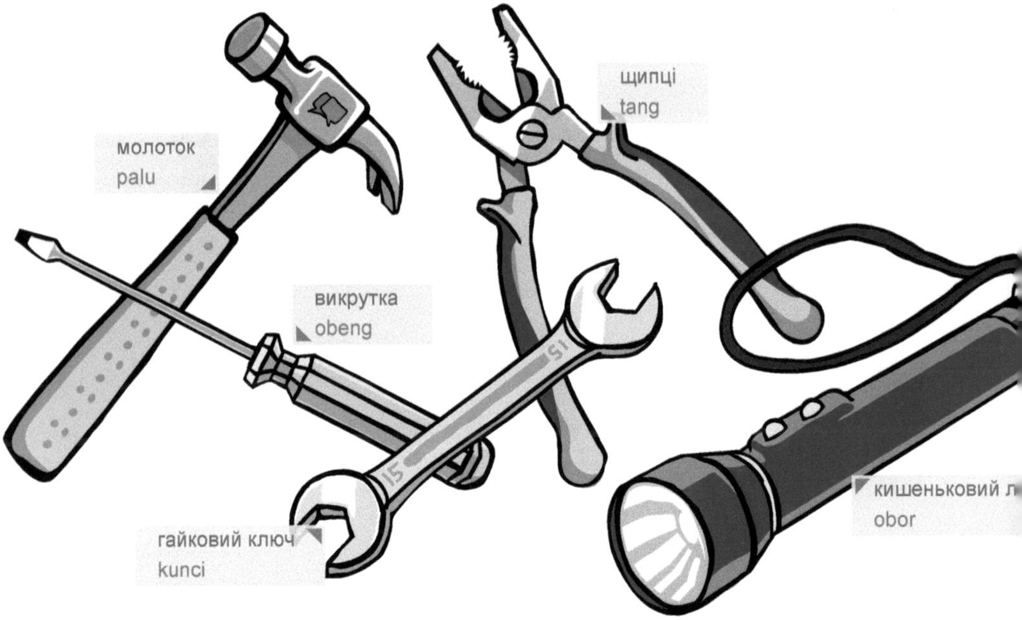

молоток
palu
щипці
tang
викрутка
obeng
гайковий ключ
kunci
кишеньковий л
obor

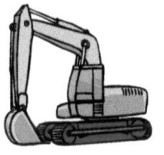

екскаватор

penggali

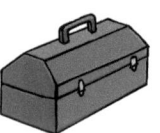

ящик для інструментів

tas perkakas

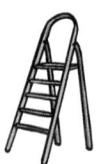

драбина

tangga

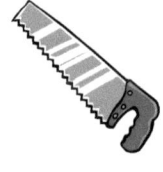

пилка

gergaji

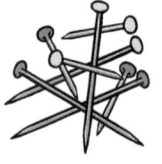

цвяхи

paku

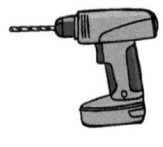

свердло

bor

ремонтувати

perbaikan

лопата

sekop

лайно!

Sialan!

совок

cikrak

відро з фарбою

pot cat

гвинти

sekrup

музичні інструменти
alat musik

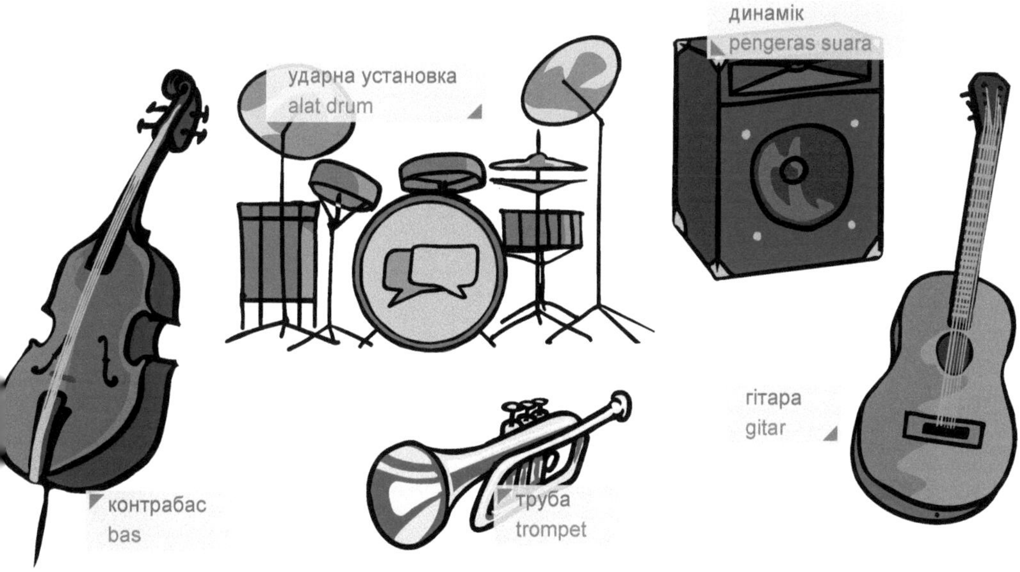

динамік
pengeras suara

ударна установка
alat drum

гітара
gitar

контрабас
bas

труба
trompet

фортепіано

piano

скрипка

violin

бас

bass

литаври

tambur

барабан

drum

клавіатура

keyboard

саксофон

saksofon

флейта

suling

мікрофон

mikrofon

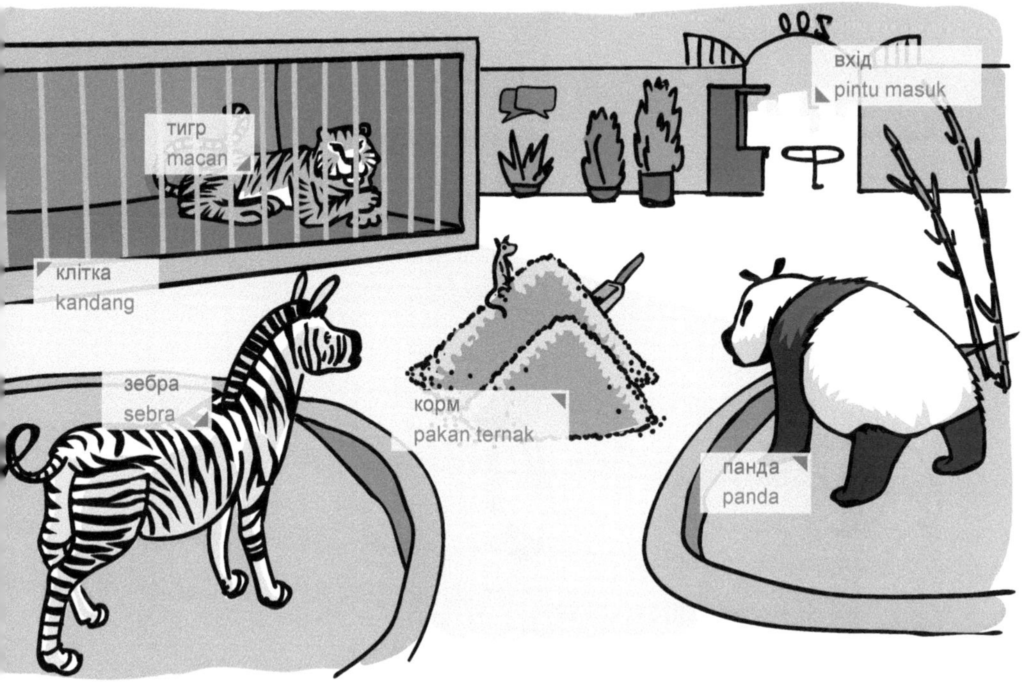

вхід
pintu masuk

тигр
macan

клітка
kandang

зебра
sebra

корм
pakan ternak

панда
panda

тварини

hewan

слон

gajah

кенгуру

kanguru

носоріг

badak

горила

gorila

ведмідь

beruang

верблюд

unta

страус

burung unta

лев

singa

мавпа

monyet

фламінго

flamingo

папуга

burung beo

білий ведмідь

beruang polar

пінгвін

penguin

акула

hiu

павич

merak

змія

ular

крокодил

buaya

працівник зоопарку

penjaga kebun binatang

тюлень

segel

ягуар

jaguar

поні
kuda poni

леопард
macan tutul

гіпопотам
kuda nil

жираф
jerapah

орел
burung elang

кабан
babi jantan

риба
ikan

черепаха
kura-kura

морж
anjing laut

лисиця
rubah

газель
kijang

спорт
olahraga

американський футбол
american football

їзда на велосипеді
naik sepeda

теніс
tennis

баскетбол
basketbal

плавання
bernang

бокс
tinju

хокей
hoki es

футбол
sepak bola

бадмінтон
badminton

легка атлетика
atletik

гандбол
bola tangan

лижні перегони
main ski

поло
polo

стрибати
meloncat

обіймати
memeluk

сміятися
ketawa

йти
berjalan

співати
menyanyi

мріяти
mengimpi

молитися
berdoa

цілувати
mencium

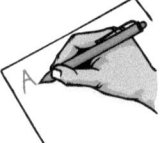

писати
menulis

малювати
melukis

показувати
menunjuk

тиснути
mendorong

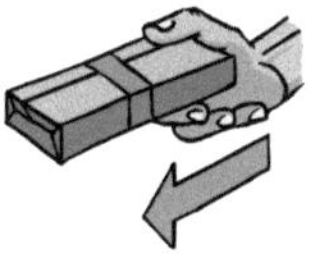

давати
memberikan

брати
mengambil

мати

mempunyai

робити

melakukan

бути

adalah

стояти

berdiri

бігати

berlari

тягнути

menarik

кидати

melempar

падати

jatuh

лежати

tidur

очікувати

menunggu

носити

membawa

сидіти

duduk

одягати

berpakaian

спати

tidur

просипатися

bangun

дивитися

melihat

плакати

menangis

гладити

mengelus

розчісувати

menyisir

розмовляти

berbicara

розуміти

mengerti

питати

menanyak

слухати

mendengar

пити

minum

їсти

makan

прибирати

merapikan

любити

cinta

варити

memasak

їхати

menyetir

літати

terbang

йти під вітрилом

berlayar

рахувати

menghitung

читати

membaca

вчитися

belajar

працювати

bekerja

одружуватися

menikah

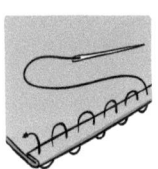

шити

menjahit

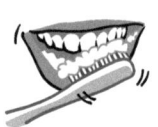

чистити зуби

sikat gigi

убивати

membunuh

курити

merokok

посилати

kirim

сім'я
keluarga

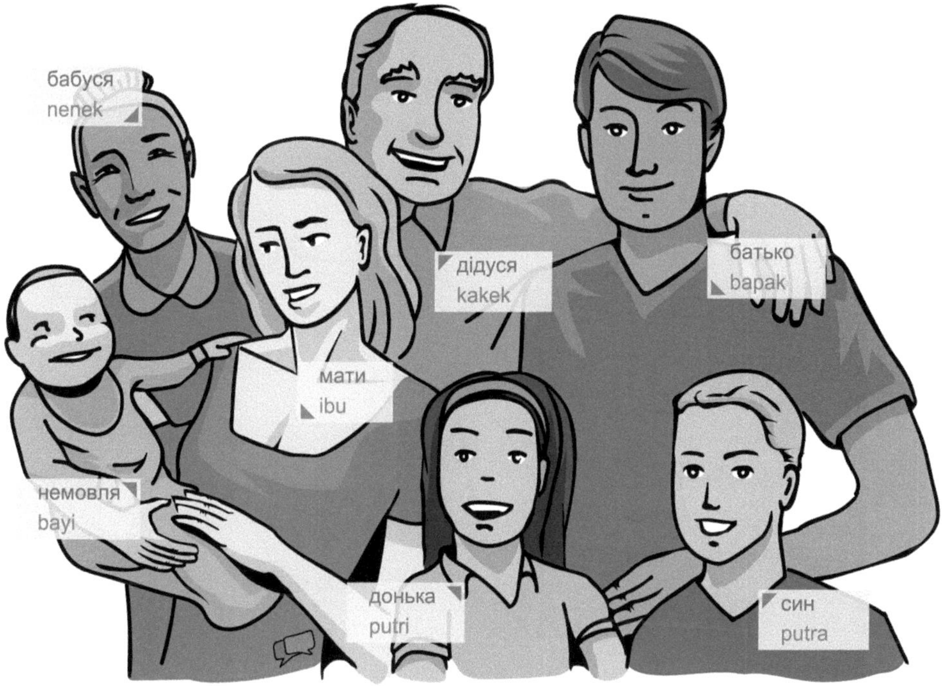
бабуся
nenek
дідуся
kakek
батько
bapak
мати
ibu
немовля
bayi
донька
putri
син
putra

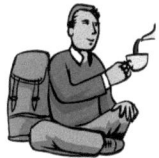

гість
tamu

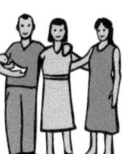

тітка
bibi

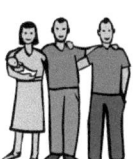

дядько
paman

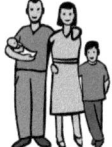

брат
kakak laki

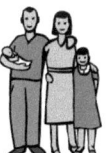

сестра
kakak perempuan

тіло
badan

чоло
dahi
око
mata
плече
bahu
палець
jari
обличчя
muka
підборіддя
dagu
кисть
tangan
нога
kaki
груди
payudara
рука
lengan

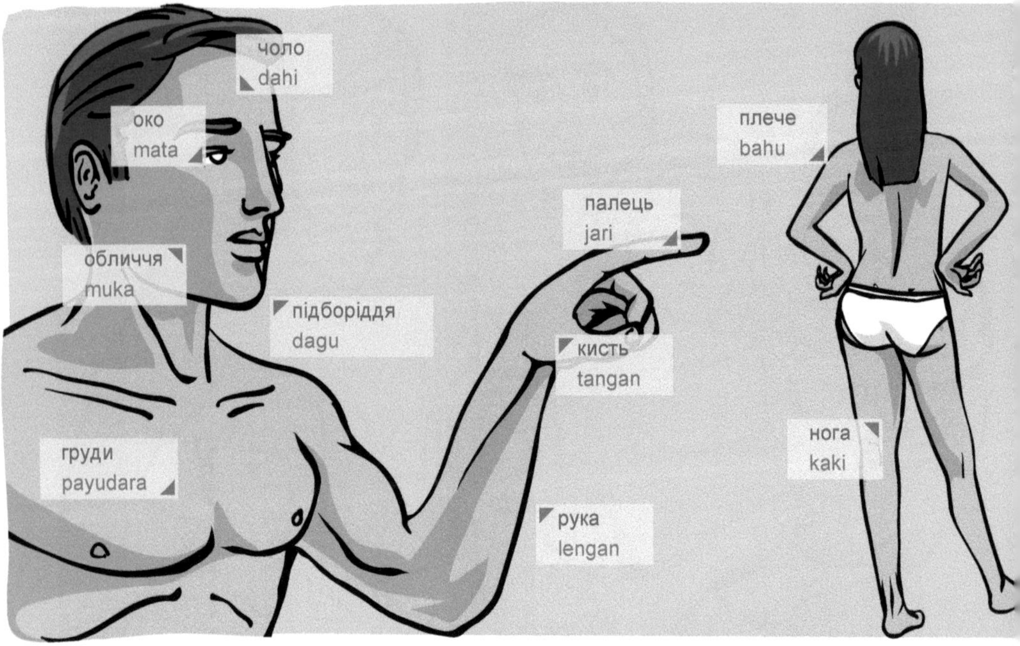

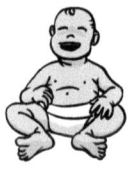

немовля
bayi

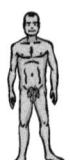

чоловік
pria

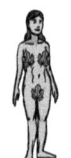

жінка
wanita

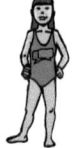

дівчина
perempuan

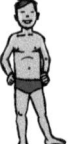

хлопчик
laki

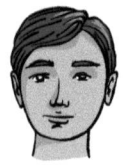

голова
kepala

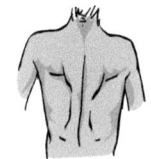

спина

punggung

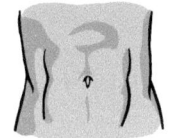

живіт

perut

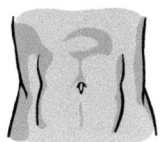

пуп

pusar

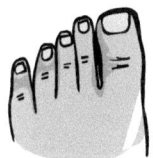

палець ноги

toe

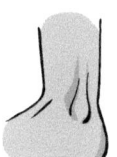

п'ята

tumit

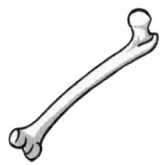

кістка

tulang

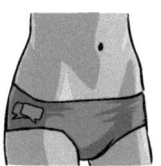

стегно

pinggang

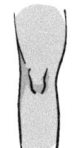

коліно

lutut

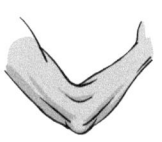

лікоть

siku

ніс

hidung

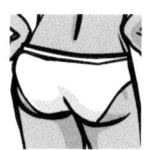

сідниці

pantat

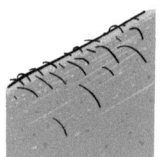

шкіра

kulit

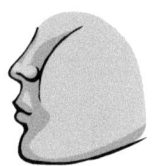

щока

pipi

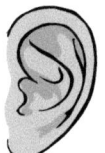

вухо

telinga

губа

bibir

тіло - badan

рот

mulut

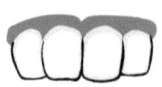

зуб

gigi

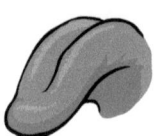

язик

lidah

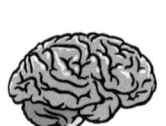

мозок

otak

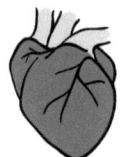

серце

jantung

м'яз

otot

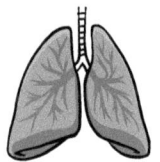

легені

paru-paru

печінка

hati

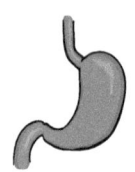

шлунок

stomach

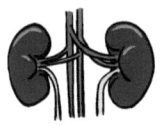

нирки

ginjal

статевий акт

hubungan seks

презерватив

kondom

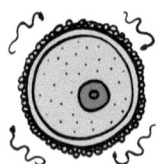

яйцеклітина

sel telur

сперма

sperma

вагітність

kehamilan

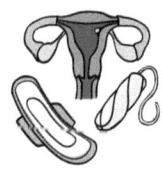

менструація

menstruasi

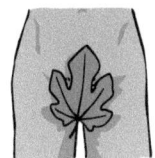

вагіна

vagina

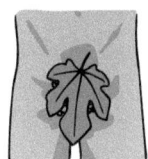

пеніс

penis

брова

alis

волосся

rambut

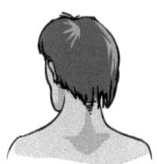

шия

leher

лікарня
rumah sakit

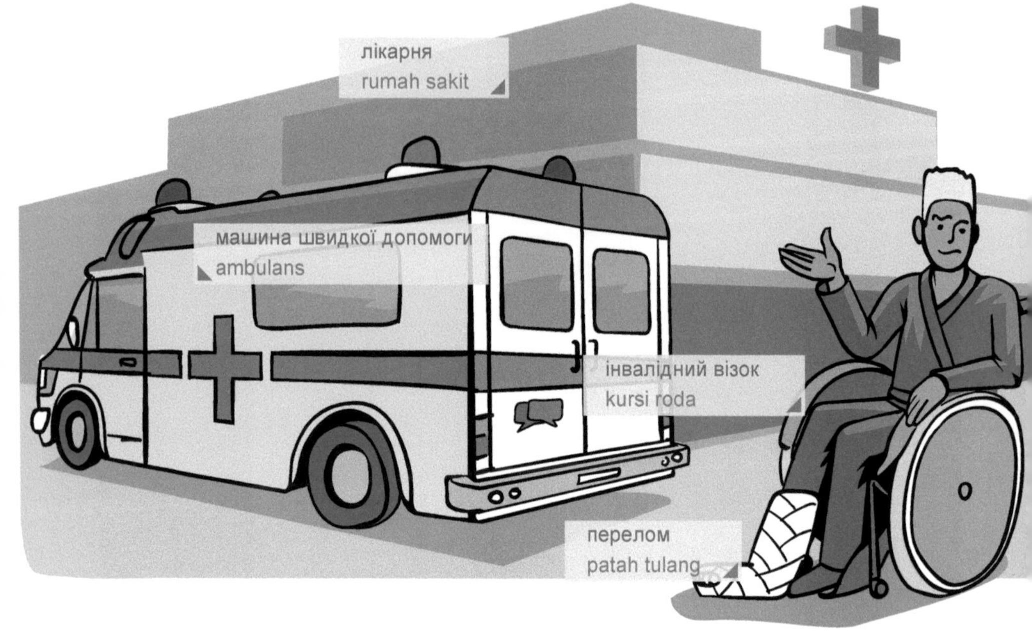

лікарня
rumah sakit
машина швидкої допомоги
ambulans
інвалідний візок
kursi roda
перелом
patah tulang

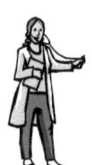

лікар

dokter

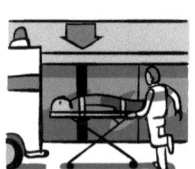

відділення швидкої медичної допомоги

ruang darurat

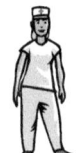

медсестра

perawat

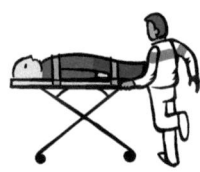

аварійний випадок

darurat

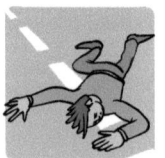

непритомний

semaput

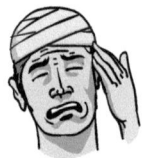

біль

sakit

травма

cedera

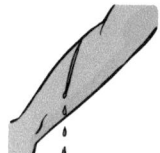

кровотеча

perdarahan

інфаркт

serangan jantung

інсульт

stroke

алергія

alergi

кашель

batuk

лихоманка

demam

грип

flu

пронос

diare

головна біль

sakit kepala

рак

kanker

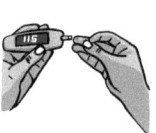

діабет

diabetes

хірург

ahli bedah

скальпель

pisau bedah

операція

operasi

КТ

CT

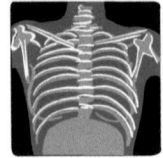

рентген

sinar x

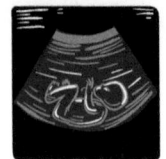

ультразвук

usg

маска

topeng

хвороба

penyakit

зал очікування

ruang tunggu

милиця

penyokong

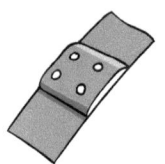

пластир

plester

пов'язка

perban

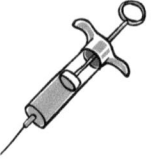

ін'єкція

injeksi

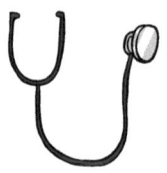

стетоскоп

stetoskop

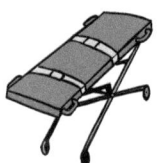

ноші

usungan

термометр

termometer klinis

народження

kelahiran

надмірна вага

kelebihan berat badan

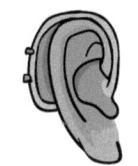

слуховий апарат

alat pendengar

дезінфікуючий засіб

desinfektan

інфекція

infeksi

вірус

virus

ВІЛ / СНІД

HIV / AIDS

медицина

obat

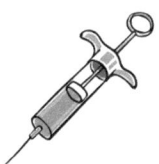

вакцинація

vaksinasi

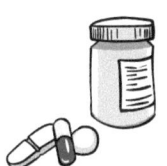

таблетки

tablet

протизаплідна пігулка

pil

екстрений виклик

panggilan darurat

тонометр

ukur tekanan darah

хворий / здоровий

sakit / sehat

Допоможіть! Tolong!	сигнал тривоги alarm	напад penyerbuan
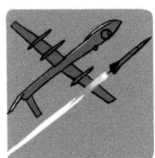атака serangan	небезпека bahaya	аварійний вихід pintu darurat
Вогонь! Api!	вогнегасник alat pemadam kebakaran	аварія kecelakaan
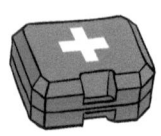аптечка kit pertolongan pertama	SOS SOS	поліція polisi

Європа

Eropa

Північна Америка

Amerika Utara

Південна Америка

Amerika Selatan

Африка

Afrika

Азія

Asia

Австралія

Australi

Атлантика

Atlantik

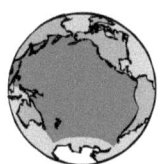

Тихий океан

Pasifik

Індійський океан

Samudra India

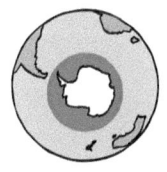

Антарктичний океан

Samudra Antartika

Північний Льодовитий океан

Samudra Arktik

Північний полюс

kutub utara

Південний полюс

kutub selatan

Антарктика

Antarktika

Земля

bumi

суша

tanah

море

laut

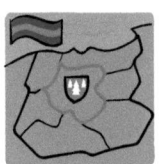

острів

pulau

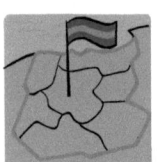

нація

bangsa

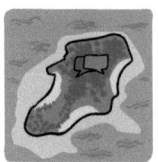

держава

negara

циферблат

jam wajah

годинникова стрілка

jarum pendek

хвилинна стрілка

jarum menit

секундна стрілка

jarum detik

Котра година?

Jam berapa?

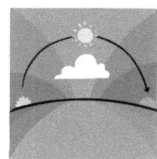

день

hari

час

waktu

зараз

sekarang

цифровий годинник

jam digital

хвилина

menit

година

jam

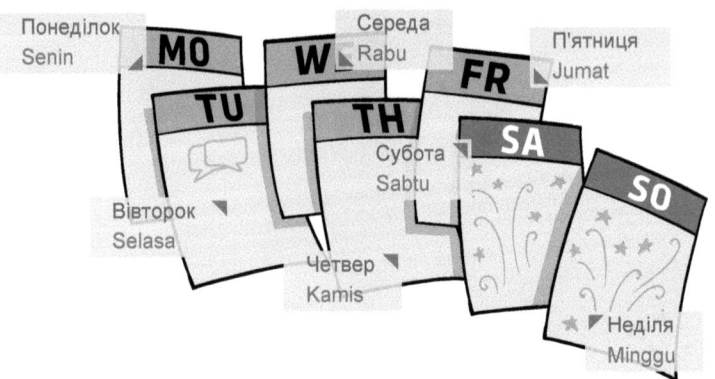

Понеділок
Senin

Середа
Rabu

П'ятниця
Jumat

Вівторок
Selasa

Субота
Sabtu

Четвер
Kamis

Неділя
Minggu

вчора

kemaren

сьогодні

hari ini

завтра

besok

ранок

pagi

опівдні

siang

вечір

malam

робочі дні

hari kerja

кінець робочого тижня

akhir minggu

рік

tahun

дощ
hujan
веселка
pelangi
сніг
salju
вітер
angin
весна
musim semi
осінь
musim gugur
літо
musim panas
зима
musim dingin

4.APRIL 11°
5.APRIL 4°
6.APRIL 13°
7.APRIL 8°
8.APRIL 10°

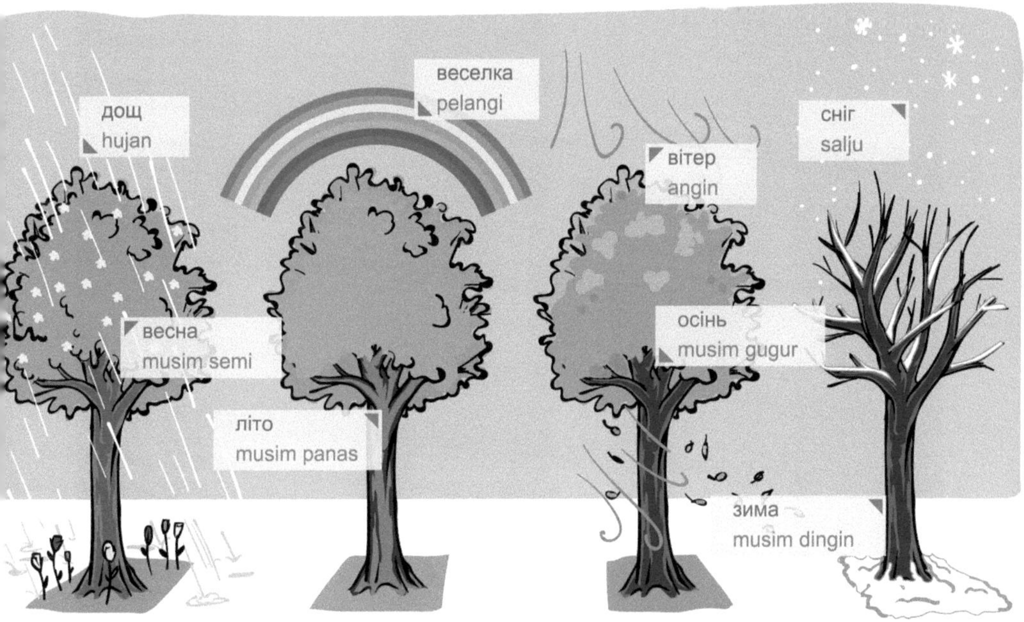

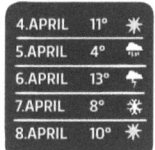

прогноз погоди

ramalan cuaca

F
C
120
90
60
30
0
-30
40
30
20
10
0
-10
-20

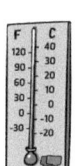

термометр

termometer

сонячне світло

matahari

хмара

awan

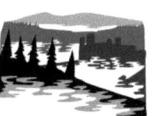

туман

kabut

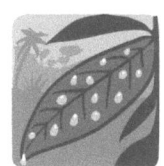

вологість повітря

kelembahan

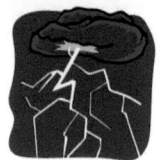

блискавка

kilat

грім

guntur

шторм

badai

град

hujan es

мусон

monsun

повінь

banjir

лід

es

Січень

Januari

Лютий

Februari

Березень

Maret

Квітень

April

Травень

Mei

Червень

Juni

Липень

Juli

Серпень

Agustus

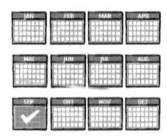

Вересень

September

Жовтень

Oktober

Листопад

November

Грудень

Desember

круг

lingkaran

квадрат

persegi

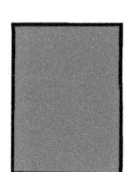

прямокутник

persegi panjang

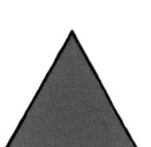

трикутник

segi tiga

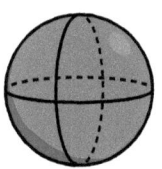

куля

bola

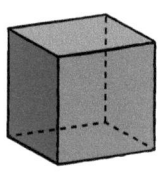

куб

kubus

білий

putih

жовтий

kuning

помаранчевий

oranye

рожевий

pink

червоний

merah

фіолетовий

ungu

синій

biru

зелений

hijau

коричневий

coklat

сірий

abu-abu

чорний

hitam

багато / мало

banyak / sedikit

лютий / мирний

marah / tenang

гарний / бридкий

cantik / jelek

початок / кінець

mulaih / selesai

великий / малий

besar / kecil

світлий / темний

terang / gelap

брат / сестра

saudara laki-laki / saudara perempuan

чистий / брудний

bersih / kotor

завершений / незавершений

lengkap / tidak lengkap

день / ніч

hari / malam

мертвий / живий

mati / hidup

широкий / вузький

luas / sempit

їстівний / неїстівний

dapat dimakan / tidak dapat dimakan

злий / дружній

jahat / baik

збуджений / нудьгуючий

bersemangat / bosan

товстий / тонкий

gemuk / kurus

спочатку / востаннє

pertama / terakhir

друг / ворог

teman / musuh

повний / порожній

penuh / kosong

жорсткий / м'який

keras / lembut

важкий / легкий

berat / enteng

голод / спрага

lapar / haus

хворий / здоровий

sakit / sehat

незаконний / законний

ilegal / legal

розумний / дурний

cerdas / bodoh

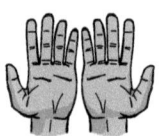

вліво / вправо

kiri / kanan

поруч / далеко

dekat / jauh

новий / використаний

baru / bekas

нічого / щось

tidak ada apapun / sesuatu

старий / молодий

tua / muda

вкл / викл

nyala / mati

відкрито / закрито

buka / tutup

тихо / гучно

tenang / keras

багатий / бідний

kaya / miskin

правильно / неправильно

benar / salah

шорсткий / гладкий

kasar / halus

сумний / щасливий

sedih / gembira

короткий / довгий

pendek / panjang

повільно / швидко

pelan-pelan / cepat

вологий / сухий

basah / kering

гарячий / холодний

hangat / sejuk

війна / мир

perang / damai

числа

angka-angka

0

нуль

nol

1

один

satu

2

два

dua

3

три

tiga

4

чотири

empat

5

п'ять

lima

6

шість

enam

7

сім

tujuh

8

вісім

delapan

9

дев'ять

sembilan

10

десять

sepuluh

11

одинадцять

sebelas

12

дванадцять

duabelas

13

тринадцять

tigabelas

14

чотирнадцять

empatbelas

15

п'ятнадцять

limabelas

16

шістнадцять

enambelas

17

сімнадцять

tujuhbelas

18

вісімнадцять

delapanbelas

19

дев'ятнадцять

sembilanbelas

20

двадцять

duapuluh

100

сто

seratus

1.000

тисяча

seribu

1.000.000

мільйон

juta

англійська

Inggris

американська англійська

bahasa Inggris Amerika

китайська
високочиновницька

bahasa Cina Mandarin

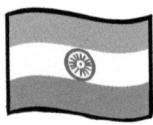

хінді

bahasa Hindi

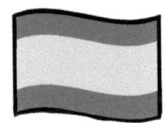

іспанська

bahasa Spanyol

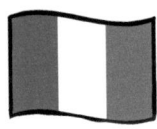

французька

bahasa Perancis

арабська

bahasa Arab

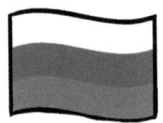

російська

bahasa Rusia

португальська

bahasa Portugis

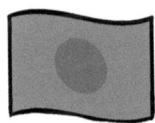

бенгальська

bahasa Bengal

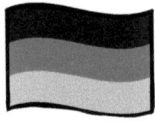

німецька

bahasa Jerman

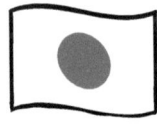

японська

bahasa Jepang

я
saya

ти
kamu

він / вона / воно
dia

ми
kita

ви
kalian

вони
mereka

хто?
siapa?

що?
apa?

як?
begaimana?

де?
dimana?

коли?
kapan?

ім'я
nama

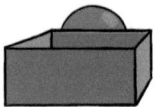

ззаду
dibelakang

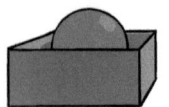

в
di

перед
didepan

над
diatas

на
diatas

під
dibawah

біля
sebelah

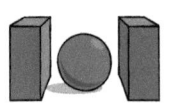

між
di antara

місце
tempat